AF224477

27
Ln
8714

LOISIRS LITTÉRAIRES

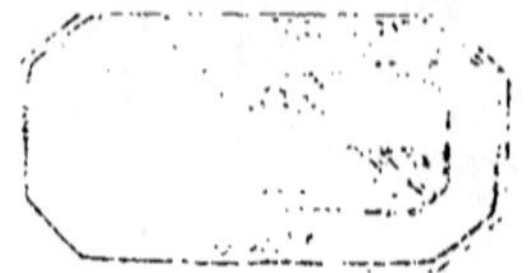

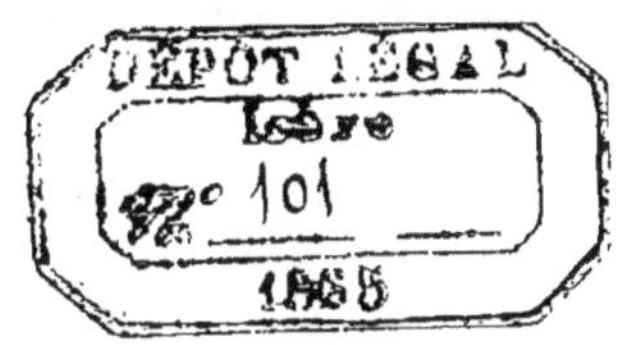

LOISIRS LITTÉRAIRES

I

LOUIS BERTRAND

SOUVENIRS DE DIJON

LECTURE FAITE A L'ACADÉMIE DELPHINALE DANS LA
SÉANCE DU 24 NOVEMBRE 1865

Par M. Auguste PETIT

Président de Chambre à la Cour impériale de Grenoble

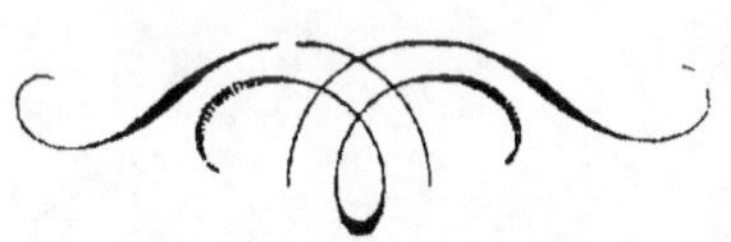

GRENOBLE
IMPRIMERIE DE PRUDHOMME, RUE LAFAYETTE, 14

1865

I.

LOUIS BERTRAND.

SOUVENIRS DE DIJON.

1.

On éprouve une émotion pleine de tristesse à feuilleter les œuvres d'artistes, de poètes morts avant l'âge, et qui n'ont laissé, du génie qu'ils sentaient vivre en eux, que des éclairs passagers.

Qu'auraient produit tant de belles facultés si, avec l'aide du temps, l'étude et la réflexion les avaient développées et mûries?... Cette richesse d'imagination, si la raison l'avait asservie et réglée? Cette fraîcheur de sentiment, ces premiers élans d'une pensée qui s'ignore et s'éprend de tout ce qui est bon, pur, élevé, — si ces dons précieux avaient toujours eu pour appui la trempe du caractère, les austères enseignements de la morale, et si les dures traverses de la vie, les désillusions qui la désenchantent, les tristes mécomptes des événements à une époque aussi tourmentée que la nôtre, n'avaient dû, quelques années plus tard, les altérer, les anéantir peut-être, sous l'étreinte du doute et du découragement?...

Mystère profond ! interrogations douloureuses dont la réponse est pour jamais scellée sous la pierre du tombeau !

De ces jeunes élus de la mort, toujours à la poursuite de l'Idéal, et qui ont aperçu de loin, dans leurs rêves, la terre promise de la gloire, que de noms inscrits déjà dans un lugubre martyrologe ! Ignorés pour la plupart de la foule qui ne s'incline que devant les réputations consacrées par le temps, ils sont restés dans la mémoire d'amis fidèles, de contemporains dont les mains pieuses ont recueilli les essais échappés à leur talent naissant.

Sans remonter jusqu'à Malfilâtre, que « la faim mit au tombeau ([1]), » ou à Gilbert, poète violent et emporté dans sa satire contre le XVIIIe siècle, poète religieusement ému dans ses touchants adieux à la vie, écrits sur le grabat de l'Hôtel-Dieu, — que de jeunes hommes, dans ces dernières années, dont la misère, et à sa suite la cruelle maladie ou le sombre désespoir, ont brisé la plume avant qu'elle eût achevé de tracer le Poème entrevu dans leurs ardentes aspirations, monument impérissable, *œre perennius...*, qui devait, espéraient-ils, sauver leur nom de l'oubli !

Et pour ne citer que quelques-unes de ces intéressantes victimes : — Escousse et Lebras, dont nous voudrions taire la fin violente, si un tel manque de courage

---

([1]) La faim mit au tombeau Malfilâtre ignoré.

(Gilbert. — *Le XVIIIe Siècle*, satire.)

ne devait être hautement flétri dans cette enceinte, et s'il n'avait inspiré à Béranger ses accents les plus pathétiques et les plus humains (¹) ;

Hégésyppe Moreau, mort à l'hospice de la Charité, auteur du *Myosotis*, charmant bouquet de vers composé aux hasards d'une existence aventureuse et inquiète, élégies fraîches comme la fleur sous laquelle elles s'abritent, et comme elle dignes de souvenir ;

Maurice de Guerin, qui aurait mérité la renommée qui s'est attachée à son nom, par la seule vertu de l'ardente amitié de sa sœur Eugénie ; âme poétique et rêveuse, absorbée dans les profondeurs de sa propre analyse et dans l'incessante contemplation de la nature ; esprit passionné pour le bien, que l'action eût sauvé des langueurs et des défaillances, et qui s'est éteint alors que le calme du foyer domestique et l'heure venue des saints devoirs à remplir envers la famille et la société auraient triomphé de tant de mélancolie, et imprimé plus de fermeté à son style, plus de fixité et de précision à sa pensée, en la dirigeant vers un but utile ;

Gerard de Nerval, conteur élégant de *Sylvie*, dont la fin mystérieuse, au seuil d'une maison suspecte, contraste péniblement avec la distinction de sa personne, les grâces et les séductions de son esprit ;

Armand Lebailly, enfin, dernier tombé de cette phalange littéraire ; Lebailly dont l'admiration respectueuse et discrète souleva un coin du voile qui nous dérobait les vertus, le dévouement, les exquises délicatesses de cœur, la bienfaisance anonyme de Madame de Lamartine, — et qui est allé, lui aussi, mourir à l'hôpital sur

---

(¹) BÉRANGER, Chansons : *Le Suicide*, 1832.

la couche de Hégésyppe Moreau, qu'il célébrait la veille encore avec une sensibilité toute fraternelle et une remarquable sûreté d'appréciation !

Et dans le ciel de l'art, que d'astres vite disparus en laissant après eux un long sillon de lumière ! Michalon, Géricault, Maria Malibran, Léopold Robert, Papety, Rachel : — brillante pléiade digne à jamais de regrets ; artistes d'élite qui, dans des genres et à des degrés divers puisant aux sources les plus pures de l'Idéal et du Beau, versèrent sur la toile ou sur la scène, avec les trésors de l'étude et de l'inspiration, les poétiques tristesses de leur âme passionnée !

J'en passe, Messieurs ; mais, après ces derniers noms, je ne puis ajouter, comme le poète : et des meilleurs ! Voudrais-je d'ailleurs épuiser ici la liste trop remplie, hélas ! de ces jeunes ombres malheureuses ? Je m'exposerais à rencontrer quelques écrivains, — dignes de pitié sans doute (la jeunesse ne l'inspire-t-elle pas toujours ?), dont la paresse, les désordres prolongés dans cet étrange pays qu'on a nommé *la Bohême*, provoqueraient les sévérités du critique et du moraliste pour avoir gaspillé, flétri dans des plaisirs sans dignité, les dons qu'ils avaient reçus du Créateur, donnant ainsi prétexte, par une fin prématurée, de jeter l'anathème à notre Société. — Anathème immérité, Messieurs ; car, si elle est impuissante à satisfaire toutes les aspirations, en devinant toujours le génie dans son germe, en affirmant la réalité du talent sous de vagues espérances, elle est assez forte pour assurer, dans une équitable mesure, richesse et protection au travail opiniâtre, honneurs et récompenses au mérite, aide, consolation et respect à l'infortune noblement, courageusement supportée.

Ce n'est pas, j'ai hâte de le dire, dans cette dernière catégorie que se place un jeune littérateur dont je désire vous entretenir aujourd'hui : Louis Bertrand, mon condisciple à Dijon, frappé misérablement au début de la vie. — C'est un souvenir des premières études que je prends la liberté d'évoquer devant vous, une pure mémoire que je recommande à votre intelligent intérêt.

II.

Louis Bertrand naquit à Ceva en 1807, pendant l'occupation française. Son père, officier de gendarmerie, était Lorrain, sa mère Italienne. Peut-être dut-il à cette alliance l'originalité et la vivacité d'imagination, tenant à la fois du Nord et de l'Italie, qui animent et colorent dans leurs moindres détails ses écrits si achevés. Après la chute de l'Empire, sa famille vint s'établir à Dijon, ville aux idées généreuses, aux fortes études, aux franches relations ; ville de glorieux souvenirs, portant encore dans ses monuments l'empreinte du moyen âge et de la renaissance, et reflétant dans ses productions juridiques et littéraires, dans le légitime orgueil de son passé, dans les habitudes ordinaires de la vie, les vieilles traditions parlementaires. A Dijon se sont conservés dans les divers rangs de la société, la libre *gausserie* du Seigneur des Accords (¹), la mordante ironie de La Monnoie, de Piron, l'esprit délicat et fin du président de Brosses.

(¹) Tabourot, procureur du roi à Dijon, au XVIᵉ siècle, auteur d'un livre bizarre par le titre et les jeux d'esprit qu'il contient.

Aussi, notre Beyle-Stendhal, qui s'y connaissait, a-t-il pu dire dans ses *Mémoires d'un touriste* que « pour l'esprit, Dijon n'avait de rivale que Grenoble », juste appréciateur en ceci du mérite de ces deux intelligentes cités.

Le jeune Bertrand acheva ses études au collége de Dijon, sous le brillant professorat de M. Daveluy (¹), sur les bancs où, à peu d'années de distance, vinrent s'asseoir Henri Lacordaire, l'éloquent dominicain, les deux frères Darcy (²), Antoine de Latour, Adolphe Joanne, Jules Chevillard (³), Jouffroy le sculpteur, — et tant d'hommes distingués qui occupent aujourd'hui les plus hautes positions de la magistrature et de l'armée (⁴).

La muse l'instruisit de bonne heure :

> «..... Enfant, disait-elle,
> « Vois, écoute, lis. Ou prenant sa main :
> « Suis-moi hors des murs. La campagne est belle,
> « Viens cueillir, pauvret, les fleurs du chemin. »
>
> (Béranger. Chansons posthumes. *Ma Canne*).

(¹) M. Daveluy, ancien élève à l'école Normale, alors professeur de rhétorique. Il dirige depuis plusieurs années l'Académie française d'Athènes.

(²) Henry Darcy, ingénieur des ponts et chaussées, dota la ville de Dijon de fontaines publiques, travail admiré des savants. — Son frère, Hugues Darcy, fut préfet sous Louis-Philippe, et secrétaire général du ministère de l'intérieur en 1850-1851.

(³) Préfet de l'Indre de 1848 à 1852. Il a laissé deux volumes d'*Etudes administratives*, dont on peut critiquer certains aperçus, mais qui sont remarquables par l'élévation de la pensée, l'honneteté des vues, la rare élégance du style.

(⁴) LL. EE. les maréchaux Vaillant et Forey ont fait leurs études au collége de Dijon.

Bertrand se mêlait rarement aux jeux bruyants de ses condisciples. Une humeur inquiète, une sorte de sauvagerie et de fierté native, unies à une extrême douceur, l'entraînaient dans des lieux écartés où il laissait un libre cours à ses rêveries. Il allait, seul, le nez au vent, les mains dans les poches, s'asseoir sous le vaste peuplier noir du jardin de l'Arquebuse, qui depuis plus de cinq siècles brave les efforts du temps (¹) ; ou, s'enfonçant sous les ombrages de la Chartreuse de Dijon, ce St-Denis des ducs de Bourgogne, aujourd'hui l'asile des plus navrantes douleurs qui puissent affliger l'humanité, il admirait devant le *Puits de Moïse* les imposantes figures des six prophètes, dues au ciseau du Hollandais Claux Sluter, *ymaigier* des Ducs ; — ou les petits moines en marbre blanc, délicatement sculptés, qui, encapuchonnés et le rosaire à la main, entourent processionnellement, dans les attitudes naïves du recueillement et de la douleur, les tombeaux de Philippe le Hardi, de Jean sans Peur et de Marguerite de Bavière. Tantôt accoudé sur le parapet des remparts, qui n'existaient pas en 1513, lorsque 20,000 Suisses, moins avides de gloire que de riche rançon, levèrent le siége entrepris inutilement contre la vaillante cité commandée par La Trémouille (²), il plongeait ses regards sur l'immense

---

(¹) Le docteur Lavalle, de Dijon, dans deux savants articles insérés dans la *Revue horticole de la Côte-d'Or*, 1852-1853, fait connaître, d'après les données de la science et les anciens titres existant aux archives de la Côte-d'Or, l'âge de cet arbre majestueux, qui mesure, à 2 mètres au-dessus du sol, 7 mètres 25 centimètres de circonférence.

(²) Martin du Bellay, dans ses Mémoires (liv. 1er), parlant de ce siége mémorable, dit que Dijon « n'était remparée ni fortifiée,

plaine baignée par la Saône, ou bien loin, à l'extrême
horizon, sur les cimes neigeuses des Alpes du Dauphiné
et de la Savoie ; tantôt arrêté devant les tarasques gri-
maçantes penchées aux toits du palais des Ducs, — devant le Jacquemart de l'Eglise Notre-Dame, enlevé à la
ville de Courtrai par Philippe le Hardi, — à l'ombre
de la tour de Bar, où fut enfermé Réné d'Anjou, — au
pied des lourds bastions du château de Louis XI, qui reçut tour à tour captifs dans ses murs, le fils de l'intrépide
président Fremyot au temps de la Ligue, la fière du-
chesse du Maine, le chevalier ou la chevalière d'Eon,
Mirabeau, le général Mak après la honteuse capitulation
d'Ulm, et en dernier lieu Toussaint Louverture, — il se
plaisait à évoquer les souvenirs de la ville féodale de Jean
sans Peur et de Charles le Téméraire. Il a décrit dans
les pages pleines de verve et d'entrain qui ouvrent son
Gaspard de la Nuit, l'émotion qu'il ressentait à « gal-
vaniser » l'antique capitale des Ducs, qu'il aimait, di-
sait-il « comme l'enfant sa nourrice dont il suce le lait,
» comme le poète la jouvencelle qui a initié son cœur, »
et à faire « parader et caracoler » devant lui les hommes de guerre de ces époques turbulentès, « les *riches*
» de Châlons, les *nobles* de Vienne, les *preux* de Vergy,
» les *fiers* de Neufchâtel, les *bons barons* de Baufre-
» mont. »

Je ne connais point de tableau plus saisissant que
cette revue pressée, haletante, cette course échevelée à
travers les temps, les hommes, les faits qui rendent à
l'histoire de l'ancien Dijon, à ses monuments, à ses

» en sorte du monde, mais la vertu des hommes servit de murail-
» les. » (Paris, chez Pierre Lhuillier, 1570.)

héros, la physionomie, l'animation, la vie qu'ils avaient au moyen âge. Et de ces pages si colorées, celles où la rêverie transporte Bertrand parmi les sites variés qui entourent Dijon, ont un haut goût de terroir, un arome particulier dont un *bourguignon salé* ([1]), mieux que tout autre peut-être, saura reconnaître la pénétrante saveur.

Bertrand confia ses premiers essais au *Provincial*, journal qui se publiait alors à Dijon sous la direction de Charles Brugnot. Ecrivain de talent, d'un caractère conciliant et modéré, Brugnot rallia, autour de cet organe des études historiques locales, des jeunes gens sympathiques à ce réveil en province de la littérature qui n'avait eu, il faut le reconnaître, pour principal aliment, sous l'Empire, que les bulletins multipliés de nos victoires, chants variés d'une immense épopée, et dans les premières années de la Restauration, avec les écrits de Lamartine et de Châteaubriand, que les luttes animées de la tribune pour asseoir, d'une manière durable et conforme aux besoins nés de la Révolution de 1789, les institutions libérales octroyées par la Charte.

La place réservée à Louis Bertrand dans le *Provincial* fut toute poétique. Des récits puisés dans de vieilles légendes, des ballades, des chroniques, voilà les sujets les plus familiers à sa plume fantaisiste. — La pièce suivante, d'une touche légère et suave, prouve que si quelque tendre sentiment eut accès dans le cœur du jeune poète, c'était dans une sphère radieuse, plus

---

([1])
    J'i maiton queique chôse qui pique,
Ein grain de sei por iqui, por ilai ;
Vô saivé que le prôvarbe antique
Palan de nô, dit Borguignon salai.
(La Monnoie. Noei Borguignous.)

voisine du ciel que de la terre , qu'il choisissait l'objet de ses pures adorations :

La jeune fille.

> « Est-ce votre amour que vous regrettez ?
> » Ma fille, il faudrait autant pleurer un
> » songe. »   (ATALA.)

Rêveuse et dont la main balance
Un vert et flexible rameau,
D'où vient qu'elle pleure en silence,
La jeune fille du hameau ?

Autour de son front je m'étonne
De ne plus voir ces myrtes frais ;
Sont-ils tombés aux jours d'automne
Avec les feuilles des forêts ?

Tes compagnes sur la colline
T'ont vue hier seule à genoux,
O toi qui n'es point orpheline
Et qui ne priais pas pour nous !

Archange, ô sainte messagère,
Pourquoi tes pleurs silencieux ?
Est-ce que la brise légère
Ne veut pas t'enlever aux cieux ?

Ils coulent avec tant de grâce,
Qu'on ne sait, malgré ta pâleur,
S'ils laissent une amère trace,
Si c'est la joie ou la douleur.

Quand tu reprendras solitaire
Ton doux vol, sœur d'Alaciel,
Dis-moi, la clef de ce mystère,
L'emporteras-tu dans le ciel ?

(30 septembre 1828.)

Il fallait aux œuvres de Louis Bertrand, pour qu'elles pussent suivre leur humble fortune, la sanction du goût parisien, et leur consécration par le suffrage des maîtres de l'art. Il se rendit dans la capitale, en 1828, emportant avec lui son petit bagage littéraire. — Victor Hugo, à qui il avait adressé, selon les exigences du temps, la ballade intitulée : *La chanson du pèlerin qui heurte à l'huis du castel*, le reçut comme un frère en poésie. L'auteur des *Consolations*, alors Joseph Delorme, Louis Boulanger le peintre, David d'Angers le statuaire, s'empressèrent de l'accueillir et de lui donner de précieux encouragements. Ce dernier réunissait chez lui un petit cercle d'artistes, de notabilités du romantisme, formant comme une sorte de cénacle. Il prisait singulièrement les productions de Bertrand, et, ce qui valait mieux peutêtre, il s'était pris pour lui d'une vive affection que les années devaient fortifier encore, et à laquelle notre poète répondait avec l'élan d'un cœur ouvert à la reconnaissance et à toutes les émotions du jeune âge. Bertrand récitait à l'éminent sculpteur et à ses amis ses ballades en prose à mesure qu'il jugeait les avoir suffisamment élaborées, car, exigeant pour lui-même et amant passionné de la forme, il les retouchait, les repolissait sans cesse, et les faisait passer par différents *états*, comme Rembrandt ses plus belles eaux fortes. Chose étrange et qui prouve combien l'art, au point de vue le plus absolu, l'avait envahi tout entier, c'est le silence qu'il a gardé, dans ses compositions, sur les orages qui ont agité si profondément la France de 1828 à 1840. En dehors des choses de pure imagination, rien ne paraissait toucher cette âme rêveuse. Les commotions politiques, les haines et les divisions des partis, les questions brûlantes qui soulevaient jusqu'aux pavés de la capitale, demandant une solution immédiate aux balles et à la mitraille, — de tant de scènes écrites avec du sang et si propres à émouvoir, nulle trace d'impression indulgente ou indignée, nulle allusion même lointaine dans les écrits que nous connaissons de Bertrand; indifférence plus apparente que réelle, sans doute, mais toujours regrettable chez le poète, qui est la grande voix des douleurs, des besoins, des tendances de son temps.

Le manuscrit de *Gaspard de la Nuit* mis en ordre, avait trouvé un éditeur, Eugène Renduel, l'éditeur ordinaire des poésies de Victor Hugo. Mais d'autres manuscrits avaient pris date avant celui de Bertrand, pour l'impression, et notre poète, impatient de se voir derrière les vitrines des libraires, laissa un jour à Eugène Renduel la carte de visite suivante, qui rappelle les pampres rougissants aux côteaux de la vineuse Bourgogne :

A M. Eugène Renduel.

SONNET.

Quand le raisin est mûr, par un ciel clair et doux,
Dès l'aube, à mi-côteau rit une foule étrange :
C'est qu'alors dans la vigne, et non plus dans la grange,
Maîtres et serviteurs, joyeux, s'assemblent tous.

A votre huis, clos encor, je heurte. Dormez-vous?
Le matin vous éveille, éveillant sa voix d'ange.
Mon compère, chacun en ce temps-ci vendange;
Nous avons une vigne : — Eh bien! vendangeons-nous?

Mon livre est cette vigne, où, présent de l'automne,
La grappe d'or attend, pour couler dans la tonne,
Que le pressoir noueux crie enfin avec bruit.

J'invite mes voisins, convoqués sans trompettes,
A s'armer promptement de paniers, de serpettes.
Qu'ils tournent le feuillet: sous le pampre est le fruit.

(5 octobre 1840.)

Gaspard de la Nuit, pour être sainement apprécié, ne doit point être séparé de l'époque où il fut écrit, époque de fiévreuse indépendance et de rénovation artistique et littéraire. Le romantisme cherchait alors à s'établir en France, où il rencontrait une résistance énergique. Ce mouvement, comme tout ce qui tient au progrès, s'il eut de nobles aspirations, d'irrésistibles entraînements, il eut aussi ses exagérations, ses erreurs, qui le portèrent parfois hors des voies du bon goût et de la raison. Tendance légitime à l'affranchissement de règles académiques, de traditions bonnes pour le siècle où elles s'étaient produites, mais qui arrêtaient maintenant la pensée dans son nouvel essor, et de formes convenues imposées par l'étiquette de la Cour de Louis XIV et le despotisme de ce long règne,— cette réforme vit bientôt son but dépassé, et le Beau qui doit être cherché dans l'imitation *poétique* de la nature, dans l'expression des sentiments qui élèvent l'âme, dans le développement de notre nature morale, on crut le trouver dans des images bizarres, excessives, et dans la peinture à outrance des passions les plus désordonnées. Les chefs eux-mêmes de ce grand mouvement, Châteaubriand dans *Atala*, Victor Hugo dans ses premières poésies et ses drames, Alfred de Musset dans la *Ballade à la lune* et *Rolla*, à côté de pages étincelantes de beauté et d'expression, sacrifièrent comme en se jouant à ce besoin du pittoresque, de la surprise et de scènes violentes, dont surent mieux se défendre les chefs du romantisme en peinture : Eugène Delacroix, Géricault, Robert Fleury, Paul Huet. Formés aux traditions de la grande école de David, dans l'atelier de Guérin, et aux leçons plus larges de Gros, ces maîtres sentirent bientôt leur génie réagir contre la froide régularité de la ligne, le culte exclusif de l'archaïsme grec et romain , l'imitation de la statuaire antique appliquée à la peinture, la pâle uniformité du paysage dit *académique*. Ils surent, par la puissance du coloris, par le mouvement, par la saisissante réalité de la vie moderne, par le sentiment intime répandus sur leurs toiles, continuer avec éclat les traditions françaises de l'art.

Derrière ces chefs, autour d'eux , se pressait le bataillon discipliné, compact, de jeunes écrivains et d'artistes. devenus maîtres plus tard , alors pleins de foi dans l'avenir et les destinées du Romantisme ; prêts à combattre de la plume et du bras, *col senno e colla mano* (¹), pour son triomphe ; intrépides athlètes à qui la sincérité des convictions faisait pardonner les excentricités affectées du langage, du costume, des manières ; vrais zouaves de la littérature qui enlevaient avec furie le succès d'*Hernani*, de *Lucrèce Borgia*, d'*Antoni*, et qui s'élançaient à l'assaut des trois unités avec la même impétuosité, sinon le même danger, que leurs successeurs à l'attaque de Constantine, de la tour Malakoff et des redoutes de Solferino.

Cette jeunesse enthousiaste propagea , avec la fougue de son âge, cet élan romantique en province où plus d'un écho répondit à son appel. N'étant pas, comme ses chefs, retenue par le sentiment de la responsabilité de l'œuvre, elle le fit dévier quelquefois en s'attachant de préférence aux vives aspérités, aux hardiesses extrêmes de l'art. Les légendes du moyen âge, les vers des

---

(¹) Tasse, *Jérusalem délivrée*, chant Ier.

maîtres de la gaie science, les écrits des chroni-
queurs, furent avidement compulsés, et les aspects
les plus expressifs de leurs récits furent mis en relief
avec une passion singulière et, souvent, avec un véri-
table talent d'exposition.

Louis Bertrand n'était pas resté étranger à ces études,
attrayantes par le vague dans lequel elles bercent l'esprit
et l'imagination. *Gaspard de la Nuit* fut le reflet fidèle et
de la personnalité chercheuse du jeune poète et de la
direction imprimée aux idées dans ce temps de libres et
aventureuses investigations.

Voici, prises au hasard, quelques pages qui vous feront
connaître ce charmant esprit. Il semble en avoir carac-
térisé lui-même la franche désinvolture, en les appelant
Fantaisies à la manière de Callot et de Rembrandt, et en
les groupant en *Ecole Flamande*, *Vieux Paris*, *la Nuit
et ses prestiges*, *Chroniques*, *Sylves*, etc., etc.

Les cinq doigts de la main.

> Une honnête famille où il n'y a jamais eu
> de banqueroute, où personne n'a jamais été
> pendu.   (La parenté de Jean de Nivelle.)

Le pouce est ce gras cabaretier flamand, d'humeur goguenarde et
grivoise, qui fume sur sa porte à l'enseigne de la double bière de
mars.

L'index est sa femme, virago sèche comme une merluche qui,
dès le matin, soufflète sa servante dont elle est jalouse, et caresse la
bouteille dont elle est amoureuse.

Le doigt du milieu est leur fils, compagnon dégrossi à la hache qui
serait soldat, s'il n'était brasseur, et qui serait cheval, s'il n'était
homme.

Le doigt de l'anneau est leur fille, leste et agaçante Zerbine qui vend des dentelles aux dames et ne vend pas ses sourires aux cavaliers.

Et le doigt de l'oreille est le Benjamin de la famille, marmot pleureur qui toujours se trimballe à la ceinture de sa mère comme un petit enfant pendu au croc d'une ogresse.

Les cinq doits de la main sont la plus mirobolante giroflée à cinq feuilles qui ait jamais brodé les parterres de la noble cité de Harlem.

La bizarrerie, l'étrangeté se font sentir dans cette ballade. En voici qui nous transportent dans le monde des rêves, des fantômes nocturnes, des esprits :

La Salamandre.

> Il jeta dans le foyer quelques frondes de houx béni qui brûlèrent en craquetant.　　Ch. NODIER. — *Trilby*.

— « Grillon, mon ami, es-tu mort, que tu demeures sourd au bruit de mon sifflet et aveugle à la lueur de l'incendie ? »

Et le grillon, quelque affectueuses que fussent les paroles de la salamandre, ne répondait point, soit qu'il dormît d'un magique sommeil, soit qu'il eût fantaisie de bouder.

« Oh ! Chante-moi ta chanson de chaque soir dans ta logette de cendre et de suie, derrière la plaque de fer écussonnée de trois fleurs de lys héraldiques ! »

Mais le grillon ne répondait point encore, et la salamandre éplorée, tantôt écoutait si ce n'était point sa voix, tantôt bourdonnait avec la flamme aux changeantes couleurs, rose, bleue, rouge, jaune, blanche et violette.

« Il est mort, il est mort, le grillon, mon ami ! » Et j'entendais comme des soupirs et des sanglots, tandis que la flamme, livide maintenant, décroissait dans le foyer attristé.

» Il est mort ! Et puisqu'il est mort je veux mourir ! »

Les branches de sarment étaient consumées, la flamme se traîna sur la braise en jetant son adieu à la crémaillère, et la salamandre mourut d'inanition.

Le Clair de lune (¹).

Minuit, 7 janvier 1827.

A l'heure qui sépare un jour d'un autre jour, quand la cité dort silencieuse, je m'éveillai en sursaut, une nuit d'hiver, comme si j'eusse ouï prononcer mon nom auprès de moi.

Ma chambre était à demi obscure : la lune, vêtue d'une robe vaporeuse, comme une blanche fée, gardait mon sommeil et me souriait à travers les vitraux.

Une ronde nocturne passait dans la rue, un chien sans asile hurlait dans le carrefour désert, et le grillon chantait dans mon foyer.

Bientôt ces bruits cessèrent; la ronde nocturne s'était éloignée, on avait ouvert une porte au pauvre chien abandonné, et le grillon, las de chanter, s'était endormi.

Et moi, à peine sorti d'un rêve, les yeux encore éblouis des merveilles d'un autre monde, tout ce qui m'entourait était un second rêve pour moi.

Oh! qu'il est doux de s'éveiller au milieu de la nuit, lorsque la lune qui se glisse mystérieusement jusqu'à votre couche, vous éveille avec un doux baiser!

(¹) Cette petite ballade, dont je possède l'original, écrit de la main de Bertrand, présente des différences notables avec celle imprimée, sous le même titre, à la page 129 de *Gaspard de la Nuit*. Bertrand m'emmena un jour, à Dijon, dans sa modeste chambre. Un plant de giroflée, sa fleur favorite, s'épanouissait sur la fenêtre, au soleil. Il prit dans le tiroir de sa table de travail une liasse de petites feuilles volantes, larges comme la main, et en tira au hasard le *Clair de lune* ci-dessus, d'une écriture fine, égale, posée. J'ai conservé cette pieuse relique du poète. Le cadre de cette gracieuse composition sera resté dans sa mémoire, et il l'aura reproduite, avec les variantes, d'un goût peu sûr, qui se trouvent dans *Gaspard de la Nuit*.

D'autres touchent à la vie réelle par quelques faits qu'elles rappellent avec grâce :

La Messe de minuit.

A M. DE SAINTE-BEUVE.

> Christus natus est nobis ; venite, adoremus.
> *(La Nativité de N.-S. J-C.)*

> Nous n'avons ni feu ni lieu,
> Donnez-nous la part à Dieu.
> *(Vieille chanson.)*

La bonne dame et le noble sire de Châteauvieux rompaient le pain du soir, M. l'aumônier bénissant la table, quand se fit entendre un bruit de sabots à la porte. C'étaient de petits enfants qui chantaient un Noël.

« Bonne dame de Châteauvieux, hâtez-vous, la foule s'achemine à l'église ; hâtez-vous, de peur que le cierge qui brûle sur votre prie-Dieu, dans la chapelle des Anges, ne s'éteigne en étoilant de ses gouttes de cire les heures de vélin et le carreau de velours ! Voici la première volée des cloches pour la messe de minuit !

» Noble sire de Châteauvieux, hâtez-vous, de peur que le sire de Grugel, qui passe là-bas avec sa lanterne de papier, n'aille s'emparer en votre absence de la place d'honneur au banc des confrères de saint Antoine. Voici la seconde volée des cloches pour la messe de minuit !

» Monsieur l'aumônier, hâtez-vous ! les orgues grondent, les chanoines psalmodient ; hâtez-vous ! les fidèles sont assemblés et vous êtes encore à table ! Voici la troisième volée des cloches pour la messe de minuit ! »

Les petits enfants soufflaient dans leurs doigts, mais ils ne se morfondirent pas longtemps à attendre, et sur le seuil gothique, blanc de neige, M. l'aumônier les régala, au nom des maîtres du logis, chacun d'une gauffre et d'une maille.

Cependant aucune cloche ne tintait plus. La bonne dame plongea dans un manchon ses mains jusqu'aux coudes, le noble sire couvrit ses oreilles d'un mortier, et l'humble prêtre, encapuchonné d'une aumusse, marcha derrière, son missel sous le bras.

Octobre.

A M. LE BARON R.

> Adieu, derniers beaux jours !
> (DE LAMARTINE. *L'automne.*)

Les petits Savoyards sont de retour, et déjà leur cri interroge l'écho sonore du quartier; comme les hirondelles suivent le printemps, ils précèdent l'hiver.

Octobre, le courrier de l'hiver, heurte à la porte de nos demeures. Une pluie intermittente inonde la vitre offusquée et le vent jonche des feuilles mortes du platane le perron solitaire.

Voici venir ces veillées de famille si délicieuses quand tout au dehors est neige, verglas et brouillard, et que les jacinthes fleurissent sur la cheminée à la tiède atmosphère du salon.

Voici venir la Saint-Martin et ses brandons, Noël et ses bougies, le jour de l'an et ses joujoux, les Rois et leurs fèves, le Carnaval et sa marotte.

Et Pâques, enfin, Pâques aux hymnes nationales et joyeuses, Pâques dont les jeunes filles reçoivent la blanche hostie et les œufs rouges !

Alors un peu de cendre aura effacé de nos fronts l'ennui de six mois d'hiver, et les petits Savoyards salueront du haut de la colline le hameau natal.

La chronique suivante nous montre, par ses réticences mêmes, que souvent la volonté du souverain est impuissante à entreprendre les réformes les plus légitimes, les plus impatiemment attendues :

Maître Ogier.

> Le roi Charles, sixiesme du nom,
> fust très-débonnaire et moult aimé,
> et le populaire n'avait en grande
> haine que les ducs d'Orléans et de
> Bourgogne qui imposaient des tailles
> excessives par tout le royaume.
>
> *(Les annales et chroniques de France,*
> par Maître Nicolle GILLES.)

« Sire, demanda Maître Ogier au roi qui regardait par la petite fenêtre de son oratoire le vieux Paris égayé d'un rayon de soleil ; oyez-vous point s'ébattre dans la cour de votre Louvre, ces passereaux gourmands emmi cette vigne rameuse et feuillue ?

» Oui-dà, répondit le roi, c'est un ramage bien divertissant.

» Cette vigne est en votre courtil ; cependant, point n'aurez-vous le profit de la cueillette, répliqua Maître Ogier avec un bénin sourire ; passereaux sont d'effrontés larrons, et tant leur plaît la picorée, qu'ils seront toujours picoreurs. Ils vendangeront pour vous votre vigne.

» Oh ! nenni, mon compère, je les chasserai, s'écria le roi ! — Il approcha de ses lèvres le sifflet d'ivoire qui pendait à un anneau de sa chaîne d'or, et en tira des sons si aigus et si perçants, que les passereaux s'envolèrent dans les combles du palais.

» Sire, dit alors Maître Ogier, permettez que je déduise de ceci une affabulation. Ces passereaux sont vos nobles, cette vigne est le peuple. Les uns banquètent aux dépens de l'autre. Sire, qui gruge le vilain, gruge le seigneur. Assez de déprédations ! Un coup de sifflet et vendangez vous-même votre vigne. »

Maître Ogier roulait sur ses doigts d'un air embarrassé la corne de son bonnet. Charles VI hocha tristement la tête, et serrant la main au bourgeois de Paris : — Vous êtes un preud'homme ! soupira-t-il.

Voici enfin deux pages qui termineront ces extraits de *Gaspard de la Nuit.* Empreintes d'une tristesse et d'un sentiment vrais, elles semblent révéler chez le jeune

poète comme le pressentiment d'une fin prochaine, et
les poignantes atteintes du mal qui devait bientôt l'em-
porter :

Les Lépreux.

A M. P.-J. DAVID, STATUAIRE.

> N'approche mie de ces lieux,
> Cy est le chenil du lépreux.
> *(Le lai du lépreux.)*

Chaque matin, dès que les ramées avaient bu l'aiguail, roulait
sur ses gonds la porte de la Maladrerie, et les lépreux, semblables
aux antiques anachorètes, s'enfouçaient tout le jour parmi le désert,
vallées adamites, édens primitifs dont les perspectives lointaines,
tranquilles, vertes et boisées ne se peuplaient que de biches brou-
tant l'herbe fleurie, et que de hérons pêchant dans de clairs maré-
cages.

Quelques-uns avaient défriché des courtils : une rose leur était
plus odorante, une figure plus savoureuse, cultivées de leurs mains.
Quelques autres courbaient des nasses d'osier ou taillaient des
hanaps de buis, dans des grottes de rocailles ensablées d'une source
vive et tapissées d'un liseron sauvage. C'est ainsi qu'ils cherchaient
à tromper les heures si rapides pour la joie, si lentes pour la souf-
france !

Mais il y en avait qui ne s'asseyaient même plus au seuil de la
Maladrerie. Ceux-là, exténués, élanguis, dolents, qu'avait marqués
d'une croix la science des mires, promenaient leur ombre entre
les quatre murailles d'un cloître hautes et blanches, l'œil sur le
cadran solaire dont l'aiguille hâtait la fuite de leur vie et l'approche
de leur éternité.

Et lorsque, adossés contre les lourds piliers, ils se plongeaient en
eux-mêmes, rien n'interrompait le silence de ce cloître, sinon les
cris d'un triangle de cigognes qui labouraient la nue, le sautillement
du rosaire d'un moine qui s'esquivait par un corridor, et le râle de
la crécelle des veilleurs, qui, le soir, acheminaient d'une galerie
ces mornes reclus à leurs cellules.

Encore un printemps.

Toutes les pensées, toutes les passions qui agitent le cœur mortel
sont les esclaves de l'amour.

(COLERIDGE.)

Encore un printemps, encore une goutte de rosée qui se bercera un moment dans mon calice amer, et qui s'en échappera comme une larme.

O ma jeunesse! tes joies ont été glacées par les baisers du temps, mais tes douleurs ont survécu au temps qu'elles ont étouffé sur leur sein.

Et vous qui avez parfilé la soie de ma vie, ô femmes, s'il y a eu dans mon roman d'amour quelqu'un de trompeur, ce n'est pas moi; quelqu'un de trompé, ce n'est pas vous!

O printemps! petit oiseau de passage, notre hôte d'une saison, qui chante mélancoliquement dans le cœur du poète et dans la ramée du chêne!

Encore un printemps! encore un rayon de soleil de mai au front du jeune poète parmi le monde, au front du vieux chêne parmi les bois!

Paris, 11 mai 1836.

Sans prétendre exagérer l'importance de ces petits tableaux, ne doit-on pas être frappé du charme qu'ils reflètent, de la légèreté de la touche, du choix des images, de la délicatesse des ornements qui les distinguent? Ce ne sont pas des vers, il est vrai; la rime manque à ces strophes cadencées; mais la poésie ne manque pas à la pensée qui les a dictées. La concision même du style accuse chez son auteur une maturité d'esprit, une sagesse de réflexion qui ne se laissent point dominer par l'imagination, quelque brillante qu'elle soit. On a comparé (¹) ces compositions aux ciselures, aux pièces d'orfévrerie que les artistes du moyen âge et de la renaissance fouillaient avec une patience et une dextérité merveilleuses. Ne dirait-on pas, en effet, que ces bijoux ont été retrouvés dans un de ces coffrets, d'un métal et d'un travail précieux, conservé avec soin, et transmis d'héritage en héritage, dans les opulentes successions de la Hollande?

Et ces pages, dignes du pinceau de Metzu, que leur auteur avait mis tant de veilles à polir, dont il écoutait attentivement le nombre et l'harmonie, satisfaisaient-elles du moins son esprit avide de perfection? étaient-elles pour lui la réalisation complète du Beau? Hélas! non. Nous avons sur ce point sa pensée tout entière! « L'art existe, dit-il, mais au sein de Dieu! » Et son œil, où germait une larme, sondait le Ciel! — « Nous
» ne sommes, nous, que les copistes du Créateur.
» La plus magnifique, la plus triomphante, la plus
» glorieuse de nos œuvres éphémères n'est jamais que
» l'indigne contrefaçon, que le rayonnement éteint de
» ses œuvres immortelles. Toute originalité est un
» aiglon qui ne brise la coquille de son œuf que dans
» les aires sublimes et foudroyantes du Sinaï. Oui, j'ai
» longtemps cherché l'Art absolu. O délire! O folie!
» Regardez ce front ridé par la couronne de fer du mal-
» heur. Trente ans! et l'arcane que j'ai sollicité de
« tant de veilles opiniâtres, à qui j'ai immolé jeunesse,

(¹) M. de Sainte-Beuve, dans sa spirituelle *Notice* sur Louis Bertrand, en tête de *Gaspard de la Nuit.*

L'éminent écrivain voudra bien me pardonner plus d'un emprunt fait à ses appréciations judicieuses.

» amour, plaisir, fortune, l'arcane gît, inerte et insen-
» sible comme le vil caillou, dans la cendre de mes
» illusions ! »

Plainte amère ! cri déchirant ! est-il, de nos jours,
beaucoup de poètes, moins capables peut-être que le
pauvre Bertrand de sentir et d'exprimer l'Art, qui
auraient le courage et la franchise d'un pareil aveu ?...

A tant de labeurs, de doutes, de déchirements, la vie
de Bertrand s'était usée, l'âme avait dévoré l'enveloppe :
sa fin était prochaine. Mais laissons parler le savant
critique qui nous a laissé, dans des pages émues, le
récit des derniers instants du jeune poète :

« ... Une première fois, se trouvant pris de la poi-
» trine, il était entré à la Pitié, dans les salles de
» M. Serres, sans en prévenir personne de ses amis ;
» la délicatesse de son cœur le portait à épargner de la
» sorte à sa modeste famille des soins difficiles et un
» spectacle attristant. Durant les huit mois qu'il y resta,
» il put voir souvent passer M. David le statuaire qui
» allait visiter un jeune malade. M. David avait de
» bonne heure, dès 1828, conçu pour le talent de Ber-
» trand, la plus haute, la plus particulière estime, et il
» était destiné à lui témoigner l'intérêt suprême. Ber-
» trand lui a depuis avoué l'avoir reconnu de son lit ;
» mais il s'était couvert la tête de son drap en rougissant.
» Après une espèce de fausse convalescence, il retomba
» de nouveau très-malade et dut entrer à l'hospice
» Necker vers la mi-mars 1841. Mais, cette fois, sa
» fierté vaincue céda aux sentiments affectueux, et il
» appela, auprès de son lit de mort, l'artiste éminent
» et bon qui, durant les six semaines finales, lui pro-
» digua d'assidus témoignages, recueillit ses paroles

» fiévreuses et transmit ses dernières volontés. Bertrand
» mourut dans l'un des premiers jours de mai. M. David
» suivit seul son cercueil; c'était la veille de l'Ascen-
» sion. Un orage effroyable grondait, la messe mor-
» tuaire était dite, et le corbillard ne venait pas. Le
» prêtre avait fini par sortir; l'unique ami présent gar-
» dait les restes abandonnés. Au fond de la chapelle,
» une sœur de l'hospice décorait de guirlandes un autel
» pour la fête du lendemain. — L'humble nom, du
» moins, subsistera désormais autre part que sur la
» croix de bois du cimetière Vaugirard, où le même
» ami l'a fait tracer. C'est le manuscrit exactement pré-
» paré par l'auteur pour l'impression, qui, retiré,
» moyennant accord, des mains du premier éditeur,
» se publie à Angers sous des auspices fidèles (¹); cette
» résurrection éveillera, dans la patrie dijonnaise, plus
» d'un écho.... »

Hélas! ce vœu de M. de Sainte-Beuve ne fut exaucé qu'à demi. Le livre eut la destinée de son auteur : humble, incomplète, tronquée. Goûté de quelques esprits d'élite, religieusement conservé par les amis de Bertrand, il resta inconnu du plus grand nombre. Il n'eut pas, dans la patrie d'adoption du poète, le retentissement que celui-ci s'était promis, et dont la consolante perspective, à ses derniers moments, avant de s'élancer dans un monde meilleur, lui faisait peut-être oublier les tourments et les angoisses qui avaient marqué son passage ici-bas!

(¹) *Gaspard de la Nuit* a été imprimé chez un ami de l'auteur, M. V. Pavie, homme de cœur et d'intelligence, libraire-éditeur à Angers. 1842, 1 vol. in-8°. — Belle édition.

III.

Et maintenant, Messieurs, que je vous ai fait connaître les essais poétiques de Louis Bertrand, acquittant ainsi la dette de l'amitié, dois-je m'excuser d'avoir interrompu vos sérieux travaux et les recherches à l'aide desquelles vous continuez à répandre la lumière sur des points obscurs encore de l'histoire du Dauphiné, en arrêtant un moment votre attention sur des productions que des censeurs trop sévères pourront traiter de futiles et de peu dignes de votre savante appréciation? — Non, Messieurs, je n'ai pas à craindre ici un semblable reproche. Tout ce qui touche aux choses de l'intelligence a droit à l'examen de la part d'une Compagnie aussi éclairée que la vôtre. La conquête de l'Idéal et du Beau est assez difficile, assez ardue, pour que nous honorions de nos regrets les intrépides Argonautes qui l'ont tentée et qui ont eu le malheur de sombrer avant d'avoir abordé au rivage tant désiré de la Colchide. N'eussent-ils, ces hardis navigateurs, rapporté de leurs explorations dans les mers de l'Art que la découverte de quelque îlot verdoyant et frais, de quelque plage lumineuse que leur riante fantaisie serait parvenue à « peupler, comme l'a dit Jean-Jacques, d'êtres selon leur cœur (¹), » ils mériteraient d'être les bienvenus parmi nous. Si la Folle du logis qui les a inspirés a réussi par ses enchantements à nous faire oublier quelques instants les tristes réalités de la vie, en nous initiant aux

---

(¹) Jean-Jacques Rousseau. 4ᵐᵉ lettre à M. de Malesherbe.

merveilles d'un autre monde, grâces leur en soient rendues! Ne marchandons pas la reconnaissance à ces nobles natures. Pardonnons leurs erreurs en faveur des loisirs qu'elles nous ont créés. N'oublions pas surtout que c'est souvent au prix des plus grandes douleurs, même au prix de la vie, qu'elles ont su nous charmer et nous attendrir !

« Ceux-là meurent jeunes qui sont aimés des dieux, » a dit l'antiquité. Regrettaient-ils leur libéralité, ces dieux jaloux, en rappelant sitôt près d'eux les mortels qu'ils avaient comblés du don, dirai-je heureux ou fatal, de Poésie? Voulaient-ils, au contraire, faire jouir ces divins élus, dans les splendeurs de l'Empyrée, du repos et du bonheur qu'ils savaient devoir leur échapper sur la terre?

Schiller, dans une de ses ballades qui renferme un sens profond et ce symbolisme dont la rêveuse Allemagne semble avoir gardé le privilége, nous donne, dans un beau langage, un enseignement qui peut recevoir ici son application. C'est par là, Messieurs, et en me couvrant du prestige de ce grand poète, que je veux clore cette lecture.

Le partage de la terre [1].

« Prenez possession du monde, dit Jupiter aux hommes, du haut de l'Olympe ; il est à vous, je vous l'accorde en patrimoine, en perpétuelle concession : partagez-le fraternellement.

---

[1] J'emprunte ici l'élégante traduction de M. Boyer, ancien inspecteur d'Académie à Grenoble, mort à Montpellier en 1864.

» Chacun s'empresse de saisir ce qui est à sa convenance. Jeunes et vieux, tous accourent : le laboureur s'empare des fruits de la terre, le chasseur s'élance dans la forêt;

» Le marchand remplit ses magasins; le chanoine se saisit du vin vieux ; le roi met des barrières aux routes et aux ponts, et dit : la dîme est à moi.

» Bien tard, longtemps après le partage achevé, arrive le Poète ; il venait de loin ! Hélas ! il n'y avait plus rien à choisir : tout avait déjà son maître.

» Malheureux que je suis ! parmi tous, je suis le seul oublié, moi, ton fils le plus fidèle ! — Telle était sa plainte ; elle monta au trône de Jupiter.

» Si ta rêverie t'a empêché d'arriver à temps, répondit-il, tu n'as point de querelle à me faire. Où étais-tu quand ils se sont partagé la terre ? — J'étais près de toi, dit le poète.

» Mon œil était perdu dans ta contemplation, mon oreille dans ta céleste Harmonie ; excuse la créature qui, éblouie par ta clarté, a perdu sa part de la terre.

» — Que faire ? dit le dieu. Le monde est partagé ; la moisson, la chasse, le négoce, tout cela n'est plus à moi. Veux-tu vivre avec moi dans le Ciel ? Quand tu voudras y monter, il te sera ouvert. »

Ainsi, l'isolement, les privations, la misère ici-bas ; puis un peu de renommée et sa part du Ciel : voilà le lot du Poète !

Octobre 1865.